通販会社の社長で日本のロボット開発の研究者星見博士は永年にわたりロボットをたくさん作ってきました。
今度は世界の国まで配達できる男の子と女の子のアンドロイドを完成させました。男の子はロイド、女の子はアンドと名づけました。

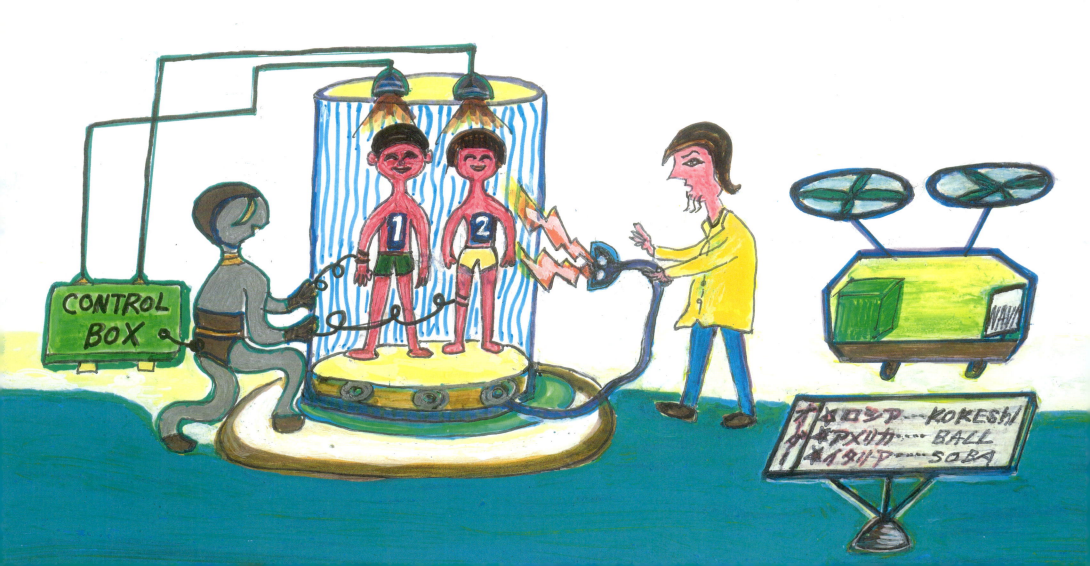

博士は言いました。「インターネット通販で世界の友達から注文のあった品物を2人で届けてほしい。わたしの作った最新型のドローンを使ってくれ。ドローンの操縦ときみたちの行動はすべてマスターコンピューターに管理されているから安心して行ってくれ」と言いました。
2人は「オッケーまかせて」と言うとさっそくドローンに乗り込みました。

「みんなすぐに届けるから待っていてね」とアンドが言うと、ロイドが「さあ行くぞ。レッツゴー」と大声でさけび、空高く飛びあがりました。
まずは日本一の山富士山に向かって一直線だ。

今度は韓国にやって来ました。「韓国は劇や踊りがさかんですね。
注文の天狗のお面をかぶって踊ってください」
「これはおどろきですね。さっそくかぶります」

韓国

インドネシア
フィリピン

大雨のインドネシア・フィリピンにやって来ました。
「オランウータンさんお待ちどうさま。雨でも平気なかさです。さっそく使ってみてください」
「ありがとう。きれいなかさでうれしいよ」

インド

インドに来ました。
「カレーばかり食べているので一度日本のおもちが食べたかったんだ！」
「このかがみもちはとてもおいしいですよ」

フランス

フランスに着きました。
「一度日本酒を飲んでみたかったんです」「これはおいしいですよ。さあ、どうぞ」

ドイツ

ドイツに来ました。
「オー、ミニカーが届くのを待っていたんだ。すてきな車があるね!」
「お待ちどうさま。本当に車が好きなんですね」

スペイン

スペインに来ました。「おいしいお寿司をお持ちしました」
「ワァー、うれしいな！」
「お寿司は初めてなので
楽しみね」

「ア・・・　コンピューターに博士から連絡が入った」
「こんにちは。アンドとロイド、飛行は順調のようだね。
無事に帰ってくるのを楽しみに待っているよ。がんばれー」
「ありがとう。博士。これからロシアに伺います」

ロシア

ロシアに着きました。
「これが日本に昔からあるこけしです」
「ワァー、かわいい。私の国のマトリョーシカとずいぶん違うわね」

ガーナ

ガーナに来ました。
「日本の大豆を持って来ました」

「どうもありがとう！
私の作ったカカオ豆とその大豆をまぜて
新しいチョコレートを作るのよ。楽しみネ！」

カナダに着きました。
「ご注文の羽ぶとんをお持ちしました」
「ワァー、ありがとう。遠くて大変だったでしょう。温かそうなふとんですね」

メキシコ

メキシコに来ました。
「これが日本の伝統の鼓と琴です」
「なるほど、いい音がするね。一緒に演奏ができてうれしいね！」

ブラジル

ブラジルに着きました。
「お待ちどうさま。おいしい日本茶を持って来ました。サッカーの練習を少し休んで一緒に飲みましょう」
「ヤァ、ありがとう。ひと休みしてみんなで飲みましょう」

オーストラリア

最後の配達地オーストラリアに来ました。
「コアラちゃん、誕生日おめでとう。バースデイケーキをお持ちしました」
「まぁ、この子のために届けてくれてありがとう」

さぁー、注文の品物を全部届け終わったね！
博士の待っている日本に戻ろう。みんな待っていてくれてありがとう。
また来ます。グッドバイ！！」

汐澤岩雄（しおざわ　いわお）

1949年1月18日　静岡県掛川市に生まれる

1967年　グラフィックデザイナーになる

1998年　発明学会会員となる

2004年　東久邇宮記念賞を受賞する

せかいの国へドローン便

2017年 4月15日　　初 版 発 行

作・絵　　汐澤　岩雄

定価　（本体価格１，３００円＋税）

発行所　株 式 会 社　　三 恵 社
〒462-0056 愛知県名古屋市北区中丸町2-24-1
TEL 052（915）5211
FAX 052（915）5019
URL http://www.sankeisha.com

ISBN978-4-86487-682-7 C8777 ¥1300E

乱丁・落丁の場合はお取替えいたします。